김정은 국무위원장과
친구들

문경환

박명훈

이형구

도서출판 615

목차

스위스 동창생 주앙 미카엘로　　　5

농구선수 로드먼　　　31

일본인 요리사 후지모토 겐지　　　59

스위스 동창생

주앙 미카엘로

김정은 국무위원장과 친구들

스위스 동창생 주앙 미카엘로

스위스 동창생 주앙 미카엘로

김정은 위원장은 10대 시절인 1998~2000년 3년 동안 스위스 유학을 했다고 알려져 있다. 북한이 공식 확인하지는 않았지만 당시 함께 학교생활을 했던 친구의 증언을 통해 스위스 유학이 사실임을 알 수 있다. 그는 김정은 위원장의 초청을 받아 북한을 방문해 함께 찍은 사진까지 언론에 공개하였다. 유학 시절 김정은 위원장의 절친(절친한 친구)이었다고 자신을 소개한 이는 스위스에서 요리사로 일하는 주앙 미카엘로(João Micaelo)다.

학창시절의 추억

"저희는 '박운'이라고 소개를 받았기 때문에 저에게는 그저 '운'이었습니다. 항상 '운'이라고 불렀어요."

김정은 위원장은 스위스 유학 생활에 '박운'이라는 이름을 사용하였다. 경호 때문이었을 것으로 추정된다.

"제가 김정은 위원장의 가장 가까운 친구였고 오랜 시간 동안 유일한 친구였습니다"

"제가 친구 중에 유일하게 북한에 초대받은 사람입니다. 저 이외에는 아무도 간 적이 없어요."

미카엘로는 자신이 김정은 위원장의 친구라는 점을 상당히 자랑스러워했다. 미카엘로는 방송 인터뷰 내내 즐거운 추억을 떠올리는 듯한 표정을 지었다.

그의 부모는 스위스에 이민을 온 포르투갈인이다. 그는 어려서 부모가 스위스로 이민을 가는 바람에 포르투갈에서 조

부모와 함께 생활했다. 그러다 6살이 되는 해 부모가 있는 스위스 베른으로 이주했다. 학교에 들어갔지만 독일어를 못한 데다가 반에서 혼자 외국인이다 보니 친구들의 놀림을 많이 받았다. 그래서 싸움도 많이 했고 부모가 종종 학교에 와야 했다. 시간이 흐르며 독일어 실력은 늘었지만 스위스 친구들과 쉽게 어울리지 못한 건 여전했다.

"6학년 수업이 시작된 지 며칠 만에 교장이 북한에서 온 새 학생을 우리 반에 데려왔습니다. 그때 나는 교실 뒤편에 있었는데 유일한 빈자리가 제 옆자리였습니다. 아무도 포르투갈인 옆에 있고 싶어하지 않았죠. 그래서 김정은 위원장이 제 옆에 앉았고 자연스럽게 옆에 있는 사람과 친해졌어요."

그는 김정은 위원장과 자신이 스위스인이 아니라는 공통점이 있어 절친이 된 것 같다고 설명하였다. 하지만 만나는 순간부터 친해진 건 아니다.

"내가 오른쪽에 앉았고 김정은 위원장이 왼쪽에 앉았는데 글을 쓸 때 공책을 내 자리로 밀어 넣었습니다. 그래서 내가 화를 내면서 밀쳤습니다."

하지만 서로 도움을 주고받으며 친해지는 데 그리 오랜 시간이 걸리지는 않았다. 김정은 위원장은 수학을 가르쳐주고, 미카엘로가 독일어를 가르쳐주며 함께 숙제도 하고 공부도 했다고 한다.

미카엘로는 김정은 위원장 덕분에 취미도 생겼다.

"솔직히 말하면 제가 김정은 위원장 때문에 농구에 재미를 붙였어요. 전 포르투갈 출신인데 포르투갈에선 축구만 하거든요. 김정은 위원장이 왔을 당시에 아이들이 농구를 좀 했는데 TV에서 마이클 조던이 나오는 '스페이스 잼'이라는 영화를 해줬거든요. 다 같이 그때 영화 보고 나선 다들 농구시합 하고 싶어 했고 김정은 위원장이 특히 농구를 재밌어 해서 같이 농구를 자주 하곤 했습니다. 승부욕이 강했는데, 운동할 때는 누구나 승부욕이 있는 게 당연하죠."

미국프로농구(NBA) 선수인 마이클 조던은 미국 역사상 최고의 농구선수로 꼽히며 한국에선 '농구 황제'라 불리기도 한다. 그는 농구만 잘 한 게 아니라 나중에 야구선수를 하기도 했고 대중문화에도 큰 영향을 끼쳤으며 미국의 인종차별 완화에도 많은 영향을 주었다고 한다. 김정은 위원장도 마이클 조던을 주목한 것으로 보이는데 한때 마이클 조던을 북한에 초대하려 시도했다는 보도도 있었다.

"가끔 스키 타러 가곤 했어요. 어디로 갔는지 기억이 나진 않지만 스키 타는 것을 좋아해서 주말에 스키를 타러 가곤 했습니다. 주말에 스위스 취리히 근방에 있는 워터파크에 함께 간 적이 있습니다. 다양한 놀이기구가 있었고 종일 그곳에서 놀면서 즐거운 시간을 보냈습니다."

김정은 위원장은 미카엘로와 자주 놀러 다닐 정도로 단짝이었던 듯하다.

미카엘로는 김정은 위원장의 집에도 자주 방문했던 듯하

다.

"가끔 김정은 위원장의 집에 가면 좋았던 점이 항상 제가 모르는 새로운 음식들이 있었어요. 그래서 김정은 위원장 집에 놀러 가는 걸 매우 좋아했습니다."

김정은 위원장 덕에 다양한 북한 음식도 맛보았을 것이다.

김정은 위원장이 미카엘로의 집을 방문한 적도 많았다.

"저희 아버지는 요리사입니다. 점심 때 항상 음식을 남겨주셨어요. 김정은 위원장이 우리 집에 놀러 가면 따로 요리를 해주기도 했습니다. 우리가 배고파서 몰래 쿠키를 꺼내먹다 혼난 적도 있습니다."

미카엘로는 김정은 위원장이 공부를 잘 했다고 떠올렸다.

"학교에서 성적이 좋았는데 수학을 좋아했고 그림을 정말 잘 그렸습니다."

미카엘로는 김정은 위원장이 그림을 잘 그렸다는 이야기를 했다. 북한 문헌을 보면 김정은 위원장이 여러 분야에 걸쳐

다재다능하다는 걸 알 수 있는데 그럼에도 그림을 잘 그린다는 보도는 없었다. 아마도 김정은 위원장의 그림 실력에 대해서는 미카엘로가 처음 공개한 것 같다.

"김정은 위원장은 북한 음악, 특히 국가를 많이 연주했고 불렀습니다. 저는 지금도 북한 국가를 기억하고 있습니다."

김정은 위원장이 음악에 일가견이 있다는 북한 보도는 쉽게 찾을 수 있다. 어떤 악기를 연주했는지는 모르지만 북한 국가인 '애국가'를 많이 연주했다는 점이 인상적이다. 얼마나 '애국가'를 많이 불렀는지 외국인 친구가 외울 정도였다.

학교에서 김정은 위원장은 유쾌하지만 눈에 띄지 않는 친구로 기억되고 있다.

"내 눈에는 평범한 십대처럼 보였습니다. 고국이나 정치에 대해 말을 많이 하지 않는 조용한 친구였습니다. 하지만 매우 결단력 있고 확실한 자기 주장을 가지고 있었습니다."

미카엘로는 김여정 부부장도 만났다.

"여동생은 같은 학교에 다녔기 때문에 본적이 있습니다. 그 당시에 여동생은 매우 어렸는데 그냥 집에 들어가면서 인사하는 것만 봤지 그 이상은 없습니다. 그냥 어린 여동생이었으니까요."

김정은 위원장은 유학생활을 마치고 돌아가면서 미카엘로에게 자신이 북한 최고지도자의 아들임을 공개했다. 하지만 미카엘로는 믿지 않았다.

"어느 날 김정은 위원장이 북한으로 돌아간다고 말했습니다. 9학년이 끝나갈 무렵이었던 것 같네요. 아마 2000년이었던 것 같아요. 실은 자기 아버지가 김정일 국방위원장이라고 말했습니다. 하지만 전 믿질 않았어요. 그 말을 어떻게 믿을 수 있겠어요? 매우 먼 나라 이야기이고 김정은 위원장이 그냥 별 생각 없이 한 말이라 여겼습니다. 그 말을 믿지 않았어요."

심지어 김정은 위원장이 김정일 국방위원장과 함께 있는 사진을 보여줬지만 그래도 믿지 않았다.

"난 그의 아버지가 외교관이라고 알고 있었고, 그래서 그냥 정부 행사에서 찍은 사진인 줄 알았습니다."

그 상황에선 아마 누구라도 믿기 어려웠을 것이다.

"다음날 김정은 위원장은 학교에 나오지 않았습니다. 다음 날도, 그 다음날도 나오지 않았습니다. 집에 찾아갔지만 갑자기 증발해버린 것처럼 사라지고 없었습니다. 나는 친구가 갑자기 사라진 것에 화가 났습니다."

3개월 후 미카엘로는 김정은 위원장의 전화를 받았다. 3년 전 앉아서 이야기를 나눴던 공원 벤치에서 만나자는 것이었다.

"김정은 위원장은 떠나서 미안하다고 말했고 사관학교에서 공부할 것이라고 말했습니다. 자신이 김정일 국방위원장의 아들이라고 또 말했고 이번에는 제가 믿는다고 했습니다. 제 계획을 물었을 때 나는 아버지를 따라 요리사가 되고 싶다는 생각을 했습니다."

사관학교란 아마도 김일성종합군사대학을 말하는 듯하다. 김정은 위원장은 2002년 김일성종합군사대학에 입학해 5년 과정을 마쳤다고 한다.

이렇게 김정은 위원장과 미카엘로는 스위스에서 헤어졌다. 미카엘로는 그날 했던 생각에 따라 요리 기술을 배웠고 스위스 미식 학교에 진학했으며 졸업 후 알프스에 있는 미슐랭 2 스타 레스토랑에 취직했다. 몇 년 후에는 크루즈선 주방에서 일하며 세계를 여행하기도 했다. 그 후에는 오스트리아 여자 친구를 만나 비엔나의 한 레스토랑에서 요리사로 일하였다.

평양에서 재회하다

세월이 흘러 2009년이 되었고 김정은 위원장이 북한 언론에 처음으로 등장하였다. 동시에 세계 언론이 이를 대서특필했다. 미카엘로는 그제야 자기 절친 '박운'의 이야기가 농담이 아니었음을 깨달았다. 갑자기 세계 곳곳의 기자들이 그를 찾아왔다. 제일 처음 나타난 건 일본 기자들이었다. 그는 자기와 김정은 위원장의 인연을 언론에 공개하였다. 김정은 위원장과 관련해 가장 유명한 포르투갈인이 된 셈이다. 하지만 농구 이야기 외에는 별로 얘기한 게 없었다.

"2012년에 제가 비엔나 식당에서 일하고 있었는데 남자 두세 명이 절 찾아왔어요. 처음엔 기자라고 생각했습니다. 당시엔 언론에 너무 시달려서 이야기하고 싶지 않았습니다. 그들은 점심, 저녁, 다음날 점심을 먹으러 왔습니다. 그렇게까지 찾아오니 이야기를 듣지 않을 수 없었습니다."

그들은 기자가 아니었다.

"'김정은 위원장이 저를 꼭 다시 만나고 싶어 한다', 'TV에서 제가 하는 인터뷰를 김정은 위원장이 봤다'고 하면서 저를 북한으로 초대하고 싶어 한다는 말을 했습니다. 한 사람은 대사관에서 왔었고 다른 한 사람은 나이가 좀 있는 남성이었는데 북한에서 왔다고 했습니다."

미카엘로는 학창시절 절친을 만나기 위해 북한으로 떠났다. 베이징으로 가는 비행기에서 그는 잠을 들지 못했다. 그는 서방 언론에서 묘사한 북한을 떠올렸다.

"내가 기자들과 김정은 위원장에 대한 이야기를 한 적이 있다는 걸 깨달았습니다. 나에게 무슨 일이 일어날지 두려웠습니다."

평양행 비행기에서 그는 긴장감에 의자에 웅크리고 앉았다.

"밤에 평양에 도착했습니다. 정확히 기억이 나진 않지만 꽤 늦은 시간이었습니다. 도착하자마자 마중 나온 사람을 따라 차에 탑승했습니다. 공항에서 평양 시내까지는 대략 30분 걸렸고 그 이후 곧장 호텔로 이동했습니다."

밤 시간이었지만 김정은 위원장은 12년 만에 다시 만나는 친구를 기다렸다.

"도착한 바로 당일 연회장에서 만나 서로 악수도 하고 껴안기도 하면서 '오랜만이다' 이런 말들을 주고받았습니다. 정말 매우 기뻤습니다. 그 순간 내 어깨에 쌓여 있던 수많은 두려움이 사라졌습니다. 나는 친구를 다시 만났고 그것이 중요한 전부였습니다."

연회장에는 8명이 있었다. 김정은 위원장 부부, 미카엘로를 데리러 비엔나를 찾아간 특사, 그리고 스위스에 있을 때 김정은 위원장의 부모라고 믿었던 전직 스위스 주재 북한 대사도 있었다.

미카엘로가 북한에 가서 김정은 위원장을 만나 대화하는 사진을 보면 한 손을 호주머니에 넣고 있다. 겉으로 보기에 한 나라의 최고지도자와 평범한 요리사라는 넘을 수 없어 보이는 격차도 두 사람 사이에 벽을 칠 수 없었나보다.

"좀 어려웠던 점은 그 당시에는 '박운'이라는 이름으로 소개를 받았기 때문에 저에게는 그저 '운'이거든요. 그래서 그냥 계속 '운'이라고 불렀습니다."

김정은 위원장과 미카엘로는 심지어 일대일 농구도 했다. 미카엘로는 평양에서 농구한 게 가장 기억에 남았다고 했다.

"제가 처음 평양을 방문했을 때 김정은 위원장이 반바지를 보여주며 '이 옷으로 갈아입고 와서 같이 농구하자'고 하더라고요. 그래서 같이 농구를 했습니다."

누가 이겼을까?

"저는 오랫동안 농구를 안 했는데 김정은 위원장은 운동을 꾸준히 한 것 같았어요. 김정은 위원장은 쌩쌩했고 전 아니었습니다. 제가 실력에서 밀려서 졌지만 '당신이 최고지도자라서 봐준 거다'라고 말했습니다. 그러자 김정은 위원장이 화난 표정을 짓더니 둘 다 폭소를 터뜨렸습니다."

미카엘로는 최고지도자가 된 김정은 위원장을 어려워하지 않았고 스스럼없이 농담도 주고받았다.

"저에게 살이 쪘다고 하기에 서로 마찬가지라고 대답했습니다. 남아공 월드컵에서 포르투갈이 북한을 7:0으로 이겼다고 놀리기까지 했는데 그다지 좋아하지는 않았지만 포르투갈이 축구를 더 잘한다는 것을 인정했습니다."

미카엘로는 김정은 위원장의 가족들도 만났다.

"김정은 위원장의 여동생도 그 자리에 있었어요. 절 기억하더라고요. '자기 이렇게 컸다'고 그러기에 '그래. 너 내가 예전에 봤을 때 이렇게 작았는데'라고 했죠. (리설주 여사는) 그 당시엔 머리카락이 짧았습니다. 부인이 저에게 결혼은 했는지 아이가 있는지 같은 것들을 물어봤어요."

그날 김정은 위원장은 밤을 새고 다음날 점심까지 미카엘로와 함께 보냈다.

"곧 돌아오겠다는 약속을 하고 공항으로 떠났습니다. 김정은 위원장은 내가 빨리 돌아오길 원했지만 나는 할 일이 있어서 결국 2013년 4월에야 다시 갈 수 있었습니다. 두 번째 방문은 일주일 동안이었습니다. 북한 전역을 돌아보았습니다. 언론에서 말하는 굶주림은 보지 못했습니다. 거리에 있는 사람들이 저를 다 알고 있었는데 그곳 언론에 우리의 우정 이야기가 많이 돌았던 것 같습니다. 모두가 저를 존경스럽게 맞아 주셨습니다."

그 후로 미카엘로는 아직 북한을 방문하지 못하였다.

"세상은 분열되어 있고 김정은 위원장은 생각할 것이 많을 것입니다. 평화가 찾아오면 언젠가 다시 만날 것입니다. 친구는 친구입니다."

미카엘로는 자기 아들 생일이 김정은 위원장과 같다면서 이것도 인연이라고 이야기한다.

"제가 살던 스위스의 동네로 돌아와 결혼했고 아들 루이스를 얻었습니다. 제 아들 생일이 1월 8일입니다. 이 날은 김정은 위원장의 생일이기도 합니다. 이 사실을 김정은 위원장에게 전하고 싶습니다."

미카엘로가 다시 김정은 위원장을 만날 수 있을까?

"우리가 학교에서 보낸 시간이 아마도 김정은 위원장에게는 중요한 시간이었을 것입니다."

김정은 위원장과 함께 한 학창시절에 대한 추억을, 그리고 북한의 최고지도자가 된 자신의 친구를 가슴속에 소중히 간직하고 있다는 미카엘로의 고백으로 들린다.

※ 김정은 위원장의 스위스 유학 생활

스위스는 영세중립국이다. 영세중립국이란 전쟁에 참여하지 않는 대신 주변국에 침공당하지 않는다는 보장을 받는 나라다. 스위스는 1814년 쇼몽 조약과 1815년 파리선언을 통해 세계 최초의 영세중립국이 되었다. 스위스는 미국이 주도하는 각종 동맹이나 협력체에 가입하지 않고 있으며 북한과도 수교를 맺고 있다. 서방 국가 최초로 북한대사관이 들어선 나라이기도 하다. 이런 점이 김정은 위원장이 유학 대상국으로 스위스를 선택하는 데 영향을 주었을 것으로 추정된다.

김정은 위원장이 다닌 학교는 스위스의 수도 베른의 교외

서민 동네인 리베펠트(Liebefeld) 마을에 있는 슈타인휠츨리(Steinholzli) 공립학교다. 학교 측의 설명에 따르면 유학생은 처음 1년간 특수학급에서 지내면서 독일어를 배워야 하며 충분한 실력을 갖춘 뒤에 학교를 다닌다고 한다. 김정은 위원장 역시 이러한 과정을 밟았으며 중학 과정도 일반 학생들과 똑같이 모든 수업을 들었다고 한다. (일부 언론은 초등학교인 헤스구트 공립학교를 1년간 다니고 자매학교인 슈타인휠츨리로 진학했다고 보도하는데 확인되지 않는다) 학교에서는 성실하고 농구를 좋아한 학생이었다고 밝혔다.

　이 공립학교는 부유층 귀족이 아닌 일반 주민을 위한 학교라고 한다. 보통 스위스 주재 외교관 자녀는 베른 국제학교를 다닌다. 이 학교는 스위스 주재 북한 대사관저에서 1.3km밖에 떨어져 있지 않다. 하지만 이 학교 연간 학비는 3천만 원에 달한다. 부유층이 다니는 귀족학교인 셈이다. 김정은 위원장은 베른 국제학교 대신 공립학교를 택했다. 서유럽에서 공립학교는 대체로 서민학교로 학비가 면제되는 경우도 있다.

김정은 위원장이 생활한 집은 학교에서 도보로 3분 거리에 있는 교회거리(Kirchstrasse) 10번지로 경비실도 따로 없는 평범한 연립주택이다. 마을 주민은 "별로 크지 않아요. 이곳에는 외국인이랑 이민자들이 많이 살아요"라고 했으며 다른 주민은 "도무지 생각조차 할 수 없는 일이잖아요. 그렇게 유명한 사람이 스위스에 있었으니까요"라고 하였다.

이를 보면 김정은 위원장은 상당히 검소한 유학생활을 한 것으로 보인다.

또 동창생들의 증언에 따르면 김정은 위원장은 밤에 외출하지 않았고 파티나 캠프에도 참석하지 않았다고 한다. 또 유흥시설을 가지 않았고 술을 마시지 않았으며 여학생과 대화를 나누지도 않았다고 한다. 이는 유학생활에서 엄격한 원칙과 규율이 있었음을 짐작하게 한다.

자료 출처

이규연의 스포트라이트 150회, JTBC, 2018.6.7.

홍수민, 「김정은 스위스 동창 "난 北에 초대받은 유일한 친구"」, 중앙일보, 2018.6.8.

한호석, 「최전방서 눈물의 '야전식사' 함께 한 소년」, 자주시보, 2013.1.12.

콜린 프리먼·필립 셔웰, 「북한 지도부: '미래의 지도자와 함께한 학교에서의 행복한 날들'」(North Korea leadership: 'My happy days at school with North Korea's future leader'), 텔레그래프, 2010.9.26.

리카르도 로드리게스, 「북한 지도자와 가장 친한 포르투갈인, 주앙 미카엘로」(João Micaelo, o português que é melhor amigo do líder da Coreia do Norte), CONTACTO, 2020.10.28.

안나 피필드, 「김정은 위원장의 비밀스런 스위스 청소년 시절」(Kim Jong Un's undercover adolescent years in Switzerland), 폴리티코, 2019.6.12.

농구선수
로드먼

농구선수 로드먼

농구선수 로드먼

농구선수 로드먼

코트의 악동, 미국프로농구(NBA) 사상 최고의 리바운더, 7연속 리바운드왕 차지, 파워 포워드 사상 최고의 수비수, 챔피언 반지 5개 보유, 「슬램덩크」 강백호의 모델.

바로 데니스 키스 로드먼(Dennis Keith Rodman)에 붙는 수식어다. 1961년생인 그는 1986년 디트로이트 피스톤즈에 입단, 미국프로농구 선수 치고는 작은 편인 201cm의 키로 코트를 종횡무진 누비며 팀을 승리로 이끌었다.

김정은 위원장이 이런 로드먼의 친구라고 하면 다들 고개를 갸우뚱할 것이다. 어떤 인연이 있었기에 두 명의 세계적 유명인이 친구로 되었는지 지금부터 살펴보려고 한다.

로드먼, 북한을 가다

2013년 2월 26일 로드먼은 북미 농구 교류 차원에서 북한을 방문한다. 미국의 묘기 농구단인 할렘 글로브트로터스(Harlem Globetrotters) 선수들과 함께였다. 할렘 글로브트로터스는 정식 농구단이 아니라 전 세계를 돌며 이벤트 경기나 묘기 농구를 공연하는 유랑농구단이다.

김정은 위원장은 로드먼과 함께 경기장에 등장, 조선체육대학 횃불농구팀과 미국 묘기 농구단의 시범경기를 관람했다. 김정은 위원장은 로드먼과 통역 없이 영어로 대화했다. 스위스 유학 시절 배운 독일어에 이어 영어도 원어민과 대화를 나눌 정도로 구사할 수 있는 것이다.

김정은 위원장은 로드먼에게 "우리는 마이클 조던 측에 와 달라고 요청을 했지만, 그가 오려 하지 않았다. 그래서 당신을 초청했다"라고 하였다. 김정은 위원장과 로드먼은 자연스레 마이클 조던과 로드먼이 소속된 농구팀 '시카고 불스' 얘기를 나눴다.

한창 이야기를 나누다 로드먼은 통역에게 "저분은 누구신가?"라고 물었고 통역이 "지도자(리더)"라고 답했다. 다시 로드먼이 어디 지도자냐고 묻고 통역이 "우리나라의 지도자"라고 답했다. 훗날 그는 첫 방북을 회고하며 "난 김정은 위원장이 누군지도 몰랐다. 나는 사인회나 농구 경기나 할 것으로 생각했다"라고 하였다.

시범경기가 끝나고 김정은 위원장은 로드먼 일행을 만찬에 초대했다. 만찬에서는 술도 마셨고 노래방 기기로 노래도 불렀다. 로드먼은 김정은 위원장이 직접 노래를 불렀다고 이야

농구선수 로드먼

기했다. 그리고 어떤 여성악단이 나와서 1978년 TV쇼인 '댈러스'의 테마곡을 연주했다고 한다. 그래서 그가 펄 잼, 반 헤일런, 롤링스톤즈 등의 곡을 익히라고 권유했다. 반년 후 로드먼이 두 번째로 방북했을 때 다시 당시의 여성악단이 출연했는데 이 노래들을 다 들을 수 있었다고 한다.

짧은 만남이었지만 로드먼은 김정은 위원장에게 매우 강한 인상을 받았다. 로드먼은 귀국길에서 김정은 위원장을 "엄청나게 멋진 남자(awesome guy)"라고 하였다. 돌아와서도 로드먼은 여러 인터뷰에서 파격적인 발언을 이어갔다.

"김정은 위원장은 매우 겸손하다. 그러면서도 매우 강한 사람이다."

"김정은 위원장은 좋은 사람이다. 나에게 좋은 친구다. 인간 대 인간으로서 나의 평생 친구다."

"나는 김정은 위원장을 사랑한다."

그는 자신이 북미 관계를 증진시켜야한다고 생각했다.

"김정은 위원장이 나에게 '나는 전쟁을 원하지 않는다'라고 말했다. 김정은 위원장이 오바마 대통령에게 바라는 것은 전화통화 그 하나뿐이다."

"나는 다시 북한으로 돌아갈 것이다."

북한에 대한 색안경을 쓴 언론들은 로드먼에게 반북적인 발언이 나오도록 유도했다. 하지만 로드먼은 북한에 대한 여러 음해모략성 질문에 대해 "뭐라고 하든 우리가 친구라는 사실은 변함이 없다"라고 하였다.

로드먼이 김정은 위원장을 예찬하다 호텔에서 쫓겨나는 일도 있었다.

그는 맨해튼의 더타임 호텔의 세라피나 레스토랑 바에서 김정은 위원장이 얼마나 좋은 사람인지에 대해 예찬하며 자신이 김정은 위원장을 만난 것을 자랑하였다. 또 김정은 위원장의 서명이 담긴 성명서 복사본을 흔들며 "모두 꼭 읽어봐야 한다"라고 하였다. 그런데 너무 큰 소리로 3시간이나 자랑을

하다가 다른 손님들의 제지를 받았고 그래도 멈추지 않자 레스토랑 측에서 밖으로 안내하기에 이르렀다.

그가 김정은 위원장에게 굉장히 큰 감명을 받은 것만큼은 확실해 보인다. 하지만 북한을 적대하는 미국의 분위기에서 그는 모든 방송 출연이 취소될 정도로 고립되었다. 미국 언론은 로드먼에게 냉소를 보냈다. 하지만 로드먼은 개의치 않았다.

로드먼, 김정은 위원장의 딸을 만나다

2013년 9월 3일, 로드먼은 2번째 평양행 비행기에 올랐다. 고려항공 비행기를 타고 평양에 도착한 그는 "나는 외교관이 아니라 김정은 위원장의 친구이자 북한의 친구로 왔다. 나는 운동선수고 김정은 위원장이 농구를 사랑하는 것을 안다. 우리는 공통점이 있다"고 말했다.

로드먼은 방북을 마치고 영국 일간 가디언과 인터뷰하면서

"김정은 위원장의 부인 리설주 여사와도 이야기를 나눴고 그의 딸을 안기도 했다"라고 말했다. 또 "김정은 위원장은 좋은 아버지였고 아름다운 가족이 있었다. 김정은 위원장 가족과 함께 해변에서 편안한 시간을 보냈다. 우리는 함께 식사하고 술을 마셨으며 북한과 미국이 역사적인 친선농구경기를 하는 계획을 이야기했다"라고도 하였다. "김정은 위원장이 내게 12월에 다시 보자고 이야기했다"라며, 그는 "김정은 위원장은 매우 좋은 사람이다. 북한에 많은 사람이 와서 나쁜 나라가 아니라는 걸 보길 원한다"라고 말했다.

미국 언론들은 로드먼이 북한 지도부의 최고 기밀인 가족관계를 누설했으니 다시 북한을 방문하기 힘들 것이라고 보도했다. 하지만 로드먼은 그 후로도 여러 차례 북한을 다녀왔다.

로드먼, 김정은 위원장에게 생일 축하 노래를 부르다

약속대로 로드먼은 12월 19일 세 번째로 북한을 방문했다. 이번 방북은 한 달 뒤 열릴 친선 경기에 참가할 북한 농구 선수들을 지도하기 위한 것으로 김정은 위원장을 따로 만나지는 않았다.

로드먼은 한 달 후인 2014년 1월 6일 네 번째로 북한을 방문했다. 그는 출발 전 베이징 서우두 공항에 나온 취재진에게 "김정은 위원장은 내 친구이며 나는 그를 좋아한다"라면서 인권 문제 등을 이야기할 생각이 없다고 밝혔다. 북한 당국에 체포된 케네스 배에 대해서도 자기 임무가 아니라고 하였다.

1월 7일 평양 현지에서 CNN 아침 뉴스 프로그램인 '새날'(New Day)에 원격 인터뷰를 한 그는 김정은 위원장을 비난하는 진행자와 말싸움을 하기도 했다. 당시 북미 사이에는 케네스 배 사건이 쟁점이었다. 이 사건은 미국인 선교사 케네스 배가 북한에서 '적대행위'를 한 혐의로 체포, 실형을 선고

받은 사건인데 미국은 케네스 배를 석방하라며 북한을 압박하고 있었다. 미국에서는 자국민을 감금한 북한을 방문하는 로드먼을 비난하는 목소리가 있었다. 이날 인터뷰에서도 이 이야기가 나왔다.

　로드먼은 "케네스 배가 무슨 잘못을 했는지 알고 있느냐"라고 따지며 "김정은 위원장은 나의 친구며 나는 친구를 사랑한다"라고 밝혔다. 또 "나의 방북은 세계를 위한 위대한 생각인데 사람들은 항상 나를 무시한다"라며 못마땅해했다. 그러면서 김정은 위원장이 오바마 미 대통령과 대화를 하고 싶어 한다는 말도 꺼냈다.

　다음날인 1월 8일, 그는 평양 체육관에서 미국프로농구 출신 스타들과 북한 선수들의 친선경기에 앞서 이 시합을 "최고의 친구" 김정은 위원장에게 바친다며 생일 축하 노래를 불렀다. 로드먼이 농구장에서 격정적인 손짓을 해가며 생일 축하 노래를 부르는 사진이 전 세계에 퍼졌다.

그해 11월 8일 북한은 케네스 배를 전격 석방했다. 이날 로드먼은 언론 인터뷰에서 케네스 배 석방에 자신의 노력이 결정적이었다고 주장했다. 자신이 김정은 위원장에게 케네스 배 석방을 호소하는 편지를 보냈다는 것이다. 그는 편지를 공개했는데 "북한 국민의 지도자, 존경하는 김정은 원수, 친애하는 나의 친구", "당신과 북한이 얼마나 자애롭고 인정이 많은지 미국에 보여달라", "케네스 배의 석방을 요청한다", "케네스 배에게 자비를 베풀어달라", "그가 안전하게 귀환한다면 양국 사이의 간극에도 가교를 형성하는 데 큰 도약이 될 것이고 나 또한 영원히 감사하게 여길 것" 등의 내용이 들어 있었다.

5차 방북과 북미정상회담

2014년 1월 이후 한동안 로드먼은 방북을 하지 않았다. 아마도 미국 내 반북 여론, 로드먼의 방북을 비난하는 여론이

거셌기 때문으로 보인다. 자신은 북미 친선을 위해 노력했는데 자신을 무슨 '반역자' 취급하는 자기 나라가 상당히 원망스러웠을 것이다. 나중에 방송에 공개한 바에 따르면 그는 방북 후 여러 차례 살해 협박을 받았고, 그래서 집에도 못 들어가서 숨어 지낸 적도 있다고 한다. 또 김정은 위원장이 미국과 대화하고 싶어 한다는 말을 오바마 정부에 전했지만 아무도 믿어주지 않았으며 오히려 자신을 24시간 감시했다고 한다. 로드먼은 자신을 믿어주는 사람 하나 없이 참고 버티었다면서 눈물을 쏟아 진행자를 당황하게 하였다.

하지만 자신이 지지하던 도널드 트럼프가 대통령에 당선되자 로드먼은 다시 방북길에 올랐다. 왜 북한에 가냐는 기자의 질문에 "김정은 위원장이 나를 좋아하고, 나를 믿기 때문"이라고 답했다. 또 "나는 사람을 있는 그대로 본다. 많은 사람이 김정은 위원장을 비난하지만 난 그들이 비난하는 그런 면을 보지 못했다"라고 하였다. 북미관계에 대한 질문에는 "마

지막으로 방북했을 때 김정은 위원장은 '나는 전쟁을 원하지 않는다'라고 하였는데 그것은 진심이었다. 당신을 데려다가 직접 이야기를 들어보게 하고 싶다"라고 하였다. 또 "내가 갈 때마다 김정은 위원장은 인민을 위해 상당히 바뀌어 있었다. 하지만 사람들은 그걸 못 본다"라고도 했다.

2017년 6월 13일 로드먼이 평양에 도착하자 북한은 구금 중이던 미국인 오토 웜비어를 석방했다.

로드먼은 김정은 위원장을 만나 트럼프가 쓴 책 『협상의 기술』을 전달하였다. 로드먼은 과거 트럼프 대통령이 진행했던 리얼리티 예능 프로그램 '유명인 견습생'(celebrity apprentice)에 두 차례 출연하였다. 또 트럼프 대통령은 2013년 로드먼의 첫 방북을 두고 폭스뉴스 인터뷰에서 그를 칭찬하였다. 로드먼의 행보는 트럼프 대통령과 무관하지 않다는 해석이 가능하다. 2017년은 북한이 국가 핵무력 완성을 위해 핵실험과 미사일 발사에 집중하던 해였다. 그래서 로드

농구선수 로드먼

먼의 행보는 더욱 주목을 받았다.

그리고 1년 후 역사적인 북미정상회담이 열리면서 로드먼은 다시 주목받았다. 로드먼은 여러 인터뷰에서 "이런 날이 올 줄 알았다", "내가 이 모습을 보기 위해 여기까지 왔다. 너무 행복하다", "나도 역사적 순간의 일부분이 되어 기쁘다"라고 소회를 밝혔다. 로드먼은 북미정상회담 장소인 싱가포르까지 가서 회담을 응원했다.

로드먼은 다시 평양을 갈까?

안타깝게도 북미정상회담의 성과는 이어지지 못하였다. 로드먼의 방북 소식도 들리지 않는다. 하지만 그간 로드먼의 언행을 보면 언제든 기회가 열린다면 다시 김정은 위원장을 만나기 위해 북한을 찾아갈 것으로 보인다.

북한을 적대하는 분위기로 가득한 미국에서 로드먼이 온갖 박해와 멸시를 당하면서도 김정은 위원장에 대한 자신의 애정과 존경을 숨김없이 표현한 것은 매우 인상적이다. 김정은 위원장과의 4차례 만남이 그의 인생에 커다란 전환점이 된 것만은 분명해 보인다. 온몸에 문신을 새기고 피어싱을 한 '코트의 악동', 누구도 통제할 수 없던 로드먼을 한 번에 사로잡은 김정은 위원장의 매력은 무엇이었을까?

※ 북한의 농구 사랑

북한에서는 90년대부터 농구가 인기 운동 종목으로 떠올랐다. 1996년 김정일 국방위원장이 머리를 좋게 하고 키를 크게 하는 운동이라며 농구를 집중 육성할 것을 지시했다고 한다. 이듬해 사회안전성 압록강체육선수단 소속의 첫 농구단이 창설됐고 현재는 수십 개의 농구단이 존재한다. 1부 리그에 남녀 각 12개 팀이 있으며 2부, 3부 리그까지 있다.

김정은 위원장 역시 농구에 큰 관심을 보였다. 2018년 4월 27일 남북정상회담 당시 남북축구시합을 제안한 문재인 대통령에게 "축구보다 농구부터 하자"라고 역제안할 정도였다.

 2018년 12월 18일 노동신문은 「전사회적으로 농구 열풍을 세차게 일으켜 나가자」라는 장문의 기사를 실었다. 신문은 "농구를 발전시키는 건 단순히 체육 실무적인 문제가 아니라 당의 영도 업적을 옹호 고수하는 매우 중요한 사업"이라며 "나라의 농구를 하루빨리 세계적 수준으로 올려놔야 한다", "어느 단위에서나 대중 체육 경기를 조직할 때 농구를 경기 종목에 포함시켜야 한다"라고 하였다. 국가 차원에서 농구를 집중 육성하고 있음을 알 수 있다.

 북한에는 세계 최장신 농구선수가 있다. 국가대표팀 소속 이명훈으로 키가 무려 2m 35cm나 되었다. 이명훈 선수는 2000년 미국프로농구(NBA) 진출까지 타진할 정도로 실력을 인정받았으나 미국의 대북제재로 인해 무산됐다. 현재는 은퇴했다.

 북한 농구는 규칙이 색다르다. 덩크슛이나 탭슛은 3점, 3

점슛(6.25m 밖)이 림이나 백보드를 맞지 않고 들어가면 4점, 6.7m 밖에서 슛을 성공하면 4점, 경기 종료 직전 2초 안에 넣은 골은 8점이다. 자유투를 실패하면 1점 감점하는 규칙도 있다.

자료 출처

케어리 레이, 「데니스 로드먼: 김정은 위원장은 오바마 대통령에게 '전화'하고 싶어한다」(Dennis Rodman: Kim Jong Un Wants President Obama to 'Call Him'), ABC뉴스, 2013.3.3.

「로드먼: 김정은 위원장은 '내 친구'」(Rodman: Kim Jong Un's 'my friend'), KVLY-KXJB, 2013.3.12.

「데니스 로드먼 "내가 케네스 배 석방을 도왔다…여기 증거가 있다"」(DENNIS RODMAN - I HELPED KENNETH BAE GET RELEASED… Here's The Proof), TMZ, 2014.11.8.

「데니스 로드먼과 김정은은 무슨 이야기를 했을까?」(What Do Dennis Rodman And Kim Jong-Un Talk About?), CBS(The Late

Show with Stephen Colbert), 2017.12.14.

디나 자루, 「데니스 로드먼과 김정은 위원장의 믿기 힘든 우정: 알아야 할 5가지」(Dennis Rodman's unlikely friendship with Kim Jong Un: 5 things to know), ABC뉴스, 2018.6.12.

「데니스 로드먼이 김정은 위원장과 친구가 된 방법」(How Dennis Rodman Became Friends With Kim Jong Un), LOL 네트워크, 2019.11.25.

「데니스 로드먼」(Dennis Rodman), 마이크 타이슨의 핫복싱(Hotboxin' with Mike Tyson), 2020.5.8.

「북한 이야기에 감정에 북받친 로드먼」(Rodman gets emotional discussing North Korea), CNN(Cuomo Prime Time), 2018.6.12.

일본인 요리사
후지모토 겐지

김정은 국무위원장과 친구들

일본인 요리사 후지모토 겐지

후지모토 겐지

 북한에서 살다가 탈출한 외국인이 있다. 이 사람이 다시 북한에 돌아가면 어떤 대우를 받을까? 아니, 그 전에 이 사람은 과연 북한에 돌아가려고 할까? 바로 일본인 후지모토 겐지 이야기다. 그는 김정은 위원장과 11년 전에 한 약속을 지키기 위해 북한에 돌아갔다. 그 후 그는 어떻게 되었을까?

김정일 국방위원장의 전속 요리사

 후지모토 겐지는 1947년생으로 도쿄 중심부 긴자의 유명

초밥집에서 일식을 공부한 요리사였다. 1982년 7월 도쿄 이타바시(板橋)조리사회사무소 회장의 소개로 그는 북한에 갔다. 평양 보통강호텔 근처 안산관(安山館)에 자신이 설계한 초밥 가게를 열고 1년 간 월급 50만 엔(당시 환율로 약 160만 원. 오늘날 화폐가치로 따지면 약 600만 원)을 받으며 일하기로 계약을 한 것이다.

그의 초밥이 북송 재일동포들의 인기를 끌면서 소문이 났고 마침내 초대소에 출장 요리까지 가게 되었다. 여기서 김정일 국방위원장을 만나 높은 평가를 받았다고 한다. 그 후 그는 10일에 한 번 정도 김정일 국방위원장을 위해 초밥을 만들었다고 한다. 계약이 끝나고 일본에 돌아간 그는 초밥집에서 일하다가 1985년에 북한에 다시 가서 일하고 싶다는 뜻을 전했다.

1987년 3년 계약으로 다시 북한에 간 그는 고려호텔 지하 일식집을 경영하며 인기를 끌었다. 후지모토가 돌아왔다는 소식을 들은 김정일 국방위원장은 다시 그를 찾았고 1989년 그는 김정일 국방위원장의 전속 요리사가 되었다. 김정일 국방위원장의 중매로 북한 가수 엄정녀와 결혼을 해 가정을 꾸렸으며 1990년에는 '박철'이라는 북한 이름도 받게 되었다.

1990년 1월 8일 후지모토는 김정은 위원장의 생일잔치에 초대받았다. 김정은 위원장과 후지모토의 첫 만남이었다. 후지모토는 김정은 위원장에게 웃으며 자신을 '일본에서 온 요리사'로 소개하고 악수를 건넸다. 그러나 김정은 위원장은 후지모토를 노려보며 무시했다. 후지모토는 일제강점기에 대한 교육을 받아 일본인을 원수로 여긴 듯하다고 생각했다. 김정일 국방위원장이 "후지모토 아저씨와 악수해"라고 해서야 비로소 후지모토에게 손을 내밀었다.

하루는 후지모토가 선천 초대소를 방문했는데 김정은 위원장과 연날리기를 하며 함께 시간을 보냈다. 그런데 김정은 위원장의 연이 잘 날아오르지 않았고 후지모토가 연에 꼬리를 붙였더니 높이 날아오를 수 있었다. 그걸 보고 김정일 국방위원장이 후지모토에게 앞으로 김정은 위원장 형제의 놀이상대가 되어주면 좋겠다고 하였다.

이후 후지모토는 종종 김정은 위원장 형제와 함께 시간을 보낸 듯하다. 그는 김정은 위원장이 어릴 때 유아실에서 놀다가 아버지 김정일 국방위원장이 들어오자 차렷 자세로 경례하는 모습을 보았다고 하였다. 김정은 위원장이 어린 시절부터 아버지 김정일 국방위원장을 존경하고 군대를 좋아하며 규율성이 있었음을 짐작케 한다.

후지모토는 김정은 위원장이 어린 나이에도 자신에게 당당히 말했다고 회고하면서 10대 중반에 이미 지도자의 소양(리더십)을 발휘한 몇 가지 사례를 이야기하였다.

한번은 바나나보트를 대여섯 명이 타고 차례로 바다로 뛰어드는 놀이를 하였는데 솔선해서 먼저 뛰어들었다. 다른 사람에게 무언가를 시킬 때는 항상 자신이 먼저 선두에 서곤했다고 한다.

또 사리판단이 분명해서 칭찬해야 할 때는 칭찬을 하고, 비판해야 할 때는 호되게 비판했다고 한다. 김정은 위원장은 농구시합이 끝나면 반드시 반성회를 열어 함께 뛰었던 선수들에게 어디가 좋았다거나 잘못되었다는 것을 지적했다. 멋진 시합을 보여준 선수는 지명을 해서 "아까 그 패스는 아주 좋았어"라며 손뼉을 치면서 칭찬해 주었다. 한편 실수한 선수에게는 잘못된 점을 구체적으로 일러주면서 무섭게 꾸짖었다. 그리고 부족한 부분을 다시 연습시켰다고 한다.

한번은 김정은 위원장이 농구시합과 반성회를 다 끝내고 후지모토에게 이런 이야기를 했다고 한다.

"내가 아까 그렇게 호되게 혼을 냈는데 괜찮을까? 다시 잘할 수 있을까?"

그 모습을 보고 후지모토는 김정은 위원장이 화를 낼 때도 나름대로 계산을 하고 있다는 사실을 알게 되었다. 요컨대 상대로 하여금 자신의 부족한 부분을 깨닫게 해서 노력하여 극복, 발전시키려는 것이다. 후지모토는 김정은 위원장이 벌써 10대 중반부터 사람의 마음을 사로잡는 기술을 터득하고 있었던 것에 놀랐다고 한다.

2000년 8월 원산에서 평양으로 가는 열차에서 김정은 위원장이 후지모토에게 "나라를 이끌어가는 것은 힘든 일이다"라며 가라앉은 모습으로 북한의 장래를 걱정한 적도 있다고 한다.

이를 토대로 후지모토는 김정은 위원장이 김정일 국방위원장의 후계자가 될 것으로 예상하였다. 후지모토는 자신의 책에서 "아직 18살이라고는 해도 그 천부적인 자질을 보면 언젠가는 공화국의 지도자가 될 것이다", "아직 북한의 장래 후계자가 결정된 것은 아니지만, 나는 김정일 위원장의 후계자는 김정은 대장이라고 확신하였다. 한마디로 말하면 지도력(리더십)이 있었기 때문이다"라고 하였다. 후지모토에 따르면 김정일 국방위원장도 "호랑이처럼 믿음직스럽다"라며 김정은 위원장을 칭찬했다고 한다.

체포, 연금, 그리고 탈북

북한 요리사가 된 후에도 후지모토는 일본 식재료 조달을 위해 종종 일본을 다녀왔다. 그러다 1996년 일본에서 입국관리법 위반으로 체포되는 사건이 있었다. 그는 북한에 가지 않겠다는 서약을 하고 겨우 풀려났으며 한동안 일본 여러 음식점을 떠돌며 일을 했다. 그러다 1998년 북한이 다시 접촉했고 그해 북한으로 돌아갔다.

그해 11월, 후지모토는 식재료 구입을 위해 중국 베이징에 나왔다가 일본 경시청 간부와 통화를 했는데 이게 문제가 되어 한동안 평양에서 일종의 가택연금 상태가 됐다고 한다. 그에 따르면 자신이 일본 경시청의 정보원으로 의심받았다고 한다. 그리고 이 일을 계기로 후지모토는 탈북을 결심하였다.

2001년 4월 후지모토는 초밥 재료를 사러 간다는 핑계를 대고는 가족을 남겨두고 홀로 탈북을 단행한다. 그리고 2003년 일본에서 『김정일의 요리사』(월간조선사, 2003)라는 책을 발표, 일본뿐 아니라 세계적인 관심을 받게 되었다. 당시 후지모토는 김정일 국방위원장의 후계자는 김정은 위원장이 될 거라고 주장했다. 당시에는 정보당국조차 김정일 국방위원장의 가족관계를 제대로 파악하지 못할 때였기에 상당한 주목을 받았다. 게다가 북한 전문가를 자처하는 사람들, 고위급 탈북자를 자처하는 사람들 대부분이 김정일 국방위원장의 장남이 후계자가 될 것이라고 주장했던 것과는 달랐기에 더욱 주목을 받았다.

후지모토는 여러 언론과 자신의 책을 통해 북한 최고지도부의 개인정보를 공개했다. 반북성향의 국내 잡지사인 월간조선과 인터뷰도 하였다. 하지만 그는 악의적인 반북 발언을 일삼는 탈북자와는 조금 다른 태도를 보였다. 『김정일의 요리사』 후기에 자신이 "13년이나 김정일 국방위원장을 모실 수 있었던 것을 영광으로 생각"한다고 쓰기도 했고, 월간조선과 인터뷰할 때 각종 유언비어에 대한 질문에 '그럴 리 없다', '동의하지 않는다'는 등 반북 탈북자와 다른 모습을 보였다.

하지만 내용의 긍정성, 부정성과 관계없이 일단 북한의 최고 기밀을 유출한 것이며 당연히 북한의 반발을 불러올 것으로 예상됐다.

그런데 김정은 위원장은 그에게 손을 내밀었다.

11년 만에 지킨 약속

2012년 6월 16일 후지모토는 누군가를 통해 북한에서 온 편지를 받았다. 북한에 있는 가족들이 만나고 싶어 한다, 안전을 보장하니 걱정 말고 방북하라는 것이었다. 하지만 후지모토는 믿을 수가 없었다. 한 달이 지나 7월 18일 그 사람이 다시 연락해 "2001년의 약속을 지켜야 하지 않겠나"라는 김정은 위원장의 말을 전했다. 이 말은 김정은 위원장과 자신만이 아는 내용이다.

10여 년 전인 2001년, 후지모토는 탈북을 결심하고 들떠 있던 중 승마를 하다가 떨어져 크게 다쳤다. 그날 12시쯤 김정은 위원장에게서 전화가 한 통 걸려 왔다.

"후지모토 괜찮나, 나는 걱정했다."

"괜찮습니다."

"정말 괜찮아질 수 있나?"

후지모토는 치료를 마치고 김정은 위원장을 찾아갔다. 탈북을 위해 일본으로 떠나기 전날이었다.

"후지모토는 살아있어요!"

큰 소리로 외치는 후지모토와 김정은 위원장은 함께 웃었다. 거기에는 4명의 러시아 농구선수가 있었다. 술자리가 시작됐다. 후지모토에게 술을 권한 김정은 위원장은 "이번에 일본으로 돌아간다면서? 돌아오겠지? 돌아와라!"라고 말했다.

후지모토는 "물론 돌아오지요"라고 말했지만 자신의 거짓말이 속에 걸렸다. 이것이 2001년 김정은 위원장과 후지모토의 약속이었다.

후지모토는 2001년의 약속을 다시 떠올리며 방북을 결심, 바로 다음날 집을 나섰다.

후지모토는 일본 나리타공항에서 중국 마카오로 날아가 거기서 김창선 노동당 서기실 실장을 만났다. 김창선 실장이 북한에 가면 가장 하고 싶은 게 무엇이냐고 물었고 후지모토는 "김정일 국방위원장의 동상을 찾아 나를 친구로 대해준 나라에 참배하고 싶다"라고 하였다. 그들은 중국에서 꽃다발을 준비해 북한에 들어가 계획대로 가장 먼저 참배부터 하였다.

연회장으로 가서 김정은 위원장과의 만남을 기다리며 후지모토는 김창선 실장에게 물었다.

"김정은 위원장이 최고사령관이고 국방위원장인데 '대장 동지'라고 불러도 괜찮은가요?"

"그렇게 불러 주시오."

드디어 문이 열리고 김정은 위원장과 리설주 여사가 그를 맞아주었다. 후지모토는 "김정은 대장이 만면에 웃음을 짓고 오른손을 들고 '후지모토 씨 오랜만이오'하고 왔습니다. 배신자인 저를 옛날 그대로 '후지모토 후지모토' 하고 위화감 없이 불렀습니다. 그걸 들었을 때 '대장 동지'라고 말하면서 눈물이 흘러 나왔습니다. 계속 포옹하고 있다가 악수를 했습니다"라고 당시를 떠올렸다.

후지모토는 "배신자가 돌아왔습니다"라고 하였다. 이에 김정은 위원장은 "됐소. 배신한 건 잊은 지 오래입니다. 어릴 때부터 함께 놀았던 것 기억하고 있고 고마웠습니다. 앞으로는 언제든지 조선(북한)에 와도 좋습니다"라고 답했다. 그 말에 후지모토의 눈물샘이 터져 눈물이 폭포처럼 쏟아졌다. 주변의 몇몇 간부가 "나는 당신 같은 배반자를 환영하지 않는다"라고 했지만 김정은 위원장이 "다 옛날 일인데 왜 자꾸 그

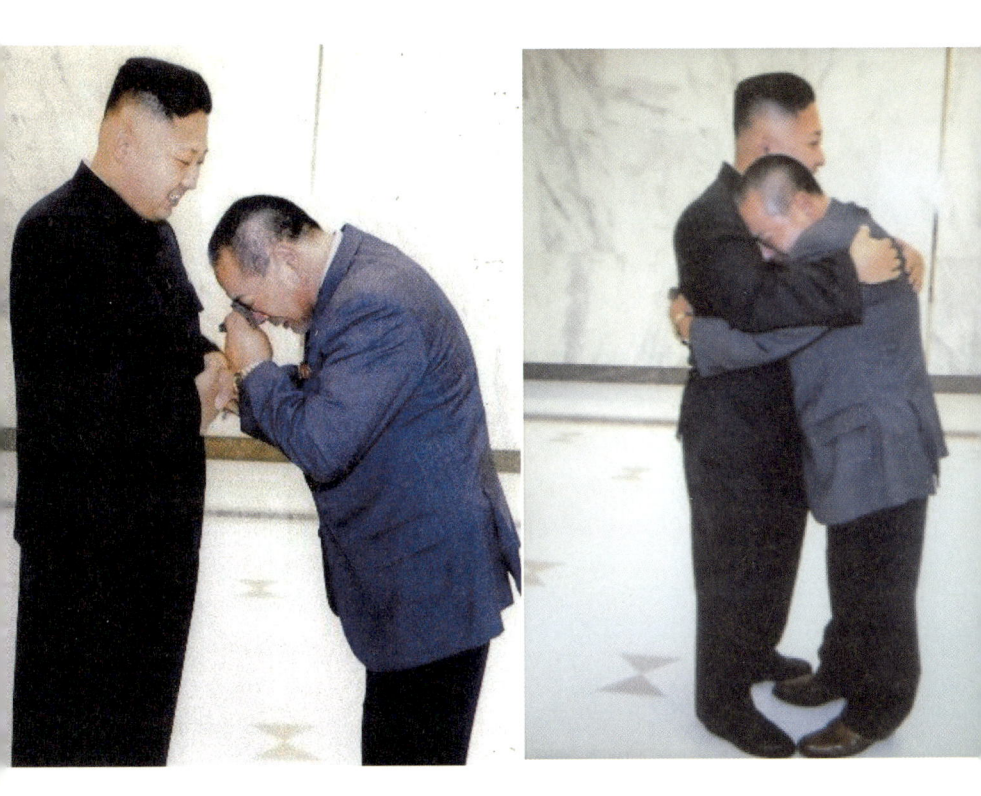

일본인 요리사 후지모토 겐지

러나, 그만하라"라고 제지하였다.

김창선 실장의 소개로 리설주 여사에게도 인사를 했다. 리설주 여사는 악수를 하면서 "정말 만나고 싶어 했던 건 최고사령관이에요. 언제나 '후지모토 후지모토' 하고 말했습니다. 공화국에 와주셔서 정말 고맙습니다"라고 답했다.

이날 후지모토는 너무 긴장한 나머지 안주를 거의 안 먹고 술만 연거푸 마셨다가 그 자리에서 잠들어버렸다. 국가 최고지도자 앞에서 엄청난 결례를 한 것이지만 아무런 문제도 삼지 않았다.

후지모토는 일본에 돌아와서 책을 한 권 썼다. 제목은 『찢긴 약속』(引き裂かれた約束)(고단샤, 2012). 그는 2012년 11월 26일 출판 기념 기자회견을 열고 책에 한글로 "최고사령관 김정은 동지께, 박철 후지모토"라고 써서 기자들에게 들어보였다. 이 자리에서 그는 "제가 11년 만에 공화국에 돌아갔습니다만 돌아가서 멋진 대우를 받았습니다. 귀빈(VIP) 대

우였습니다. 정말 그건 제 몸에 절절히 전해졌으니까 결코 잊어서는 안 되겠다는 이유로 이번 기회에 그것을 발표했다고 김정은 위원장에게 전합니다"라고 하였다. 또 "일본과 북한이 언젠가 정말로 악수를 하고 어깨동무할 시기가 하루라도 빨리 오기를 바랄 뿐입니다"라고도 하였다.

그는 자신의 책에서 11년 만의 만남이 갖는 의의를 아래와 같이 서술했다.

2012년 여름 재회는 북한 언론은 전하지 않았지만 분명히 일개 일본 요리인과 김정은 대장의 관계를 백일하에 드러내는 것을 김정은 대장이 스스로 허가한 것이다. '부적절한 관계'라고 지탄받을 것을 김정은 대장은 더 이상 두려워하지 않기 때문일 것이다. 인간과 인간의 있는 그대로의 '우정' 그것이 어쩌다 보니 한 나라의 최고지도자와 적국의 초밥 요리인 사이에서도 있었다는 것. 눈 깜짝할 사이에 지나간 2주간이었다. 눈물지으며 재회를 기뻐하고 함께 껴안았던 김정은 대장에게서 "후지모토의 배신은 모두 잊어버렸다", 그렇게 용서를 받고나서 나는 다시 태어난 것일지도 모른다. 새로운 후지모토 겐지로서 살아가야 한다고 결의를 새롭게 했다.

...(중략)...

제재를 받으면서 이 나라의 인민은 이를 악물고 여기까지 헤쳐 왔다. 그 인민 속에 내 아내 정녀와 아들 정웅도, 딸 정미도 있다. 모두 열심히 살았다. 열심히 일했다. 시련을 견디며 참고. 내 배신행위가 그런 쓸데없는 시련을 주고 말았다. 이렇게 생각하면 정말로 일본에서 살아온 나 자신이 한심하다. 부끄럽다. 또 눈물이 나온다.

그는 또 책에서 "평양 대개조를 계획하고 진두지휘를 한 것은 틀림없이 김정은 대장이다. 10년 전 옛날이라고 할까 과거의 평양밖에 모르는 사람에게는 여기가 평양인가? 그렇게 의심하고 싶을 정도로 세련된 도시가 됐다"라고 하였다. 외국특파원협회 기자회견에서는 "북한 거리를 걸었는데 정말 모두가 밝았고 아래를 보면서 걷고 있는 사람이 한 명도 없었습니다. 그만큼 사람들이 '김정은 원수님이 최고다'라고 입으로 말했습니다. 저는 김정은 위원장이 북한을 조금씩 바꿔가고 있다고 생각했습니다. 김정은 위원장은 정리해야 하는 문제가 산처럼 있습니다. 그걸 하나씩 하나씩 정리해나가는 자세가 보였습니다"라고 하였다.

후지모토를 위해 직접 운전대를 잡은 김정은 위원장

후지모토는 2012년 방북하고 일본에 돌아온 뒤에도 김정은 위원장에게 꾸준히 편지를 보냈다. 그러다 2016년 4월 1일 '태양절(4월 15일)에 평양으로 초대하고 싶다'는 연락을 받았다. 그리하여 후지모토는 4월 12일 다시 방북했다. 평양공항을 거쳐 고려호텔로 이동한 그는 호텔 정문에서 대기하였다. 이윽고 대형 벤츠 한 대가 다가왔다. 후지모토는 당시를 회상하며 "운전석을 보고 몹시 놀랐다. 김정은 위원장이 직접 운

전해 나를 보러 와줬던 거다"라고 하였다.

조수석에 앉아있던 김창선 실장이 "호텔 방에 올라가 몸을 깨끗이 한 다음 주머니에 아무것도 넣지 말고 내려와라"라고 하였다. 원래 김정은 위원장과 만나기 위해서는 누구나 혈액검사를 비롯한 정밀한 신체검사를 받아야 한다고 한다. 그러나 후지모토는 신체검사 절차가 면제됐다.

연회장에서 재회한 김정은 위원장과 후지모토는 힘껏 포옹했다.

"이번은 갑작스러운 방문인 탓에 미처 선물도 준비하지 못해서 죄송합니다."

"이해합니다. 수고했습니다. 잘 돌아왔습니다."

연회장에는 김여정 노동당 중앙위원회 부부장도 있었지만 리설주 여사는 보이지 않았다. 김정은 위원장은 "딸 주애가 감기에 걸려 아내도 딸과 함께 격리되고 있습니다"라고 설명했다고 한다. 북한에서는 감기에 걸린 사람은 완치 후 10일이

지날 때까지 김정은 위원장을 만날 수 없다고 한다. 연회장에는 최룡해 서기(현 최고인민회의 상임위원장)를 비롯해 20여 명의 간부가 있었다.

"후지모토 씨가 보내주는 편지는 전부 읽고 있습니다. 하코네 호텔에서 요리사로 일하고 있다고 했죠? 이른 아침에 일어나는 고생 따위 하지 말고 다시 평양에 와서 일하면 좋지 않은가요?"

"저는 장래에 그곳에서 라멘집을 경영하고 싶습니다."

이에 김정은 위원장이 웃으며 말했다.

"내가 평양에 만든 미래과학자거리를 한번 보고 오세요. 올해 려명거리도 정비합니다. 평양에 여러 가지를 건설했으니 전부 봐두세요. 내일 김창선이 안내할 겁니다. 나중에 그곳에 라멘집을 내면 좋을 겁니다."

후지모토는 감격했다.

"알았습니다. 어디에 차리더라도 첫 손님은 대장 동지와 부인, 아가씨(김여정 부부장)일 겁니다."

김정은 위원장은 후지모토가 북일 관계 개선에 한몫하기를 기대했다.

"북한과 일본 사이에 국교가 맺어지면 후지모토 씨도 바빠집니다. 당신 딸이 조선과 일본의 가교가 되면 좋겠습니다. 지금 당신 딸을 여기로 부를까요?"

후지모토의 딸 엄정미는 당시 24살이었고 평양회계학교를 갓 졸업했다. 아버지가 탈북을 해 일본에서 최고지도자의 사생활을 공개하고 다녔지만 그의 딸은 북한에서 아무 탈 없이 학교까지 나온 것이다.

"일본은 요즘 우리나라(북한)를 어떻게 보고 있지요?"

"최악입니다. 올해에 들어 핵 실험이나 미사일 실험이…."

"로켓이나 미사일을 쏘아 올리는 것은 미국 탓입니다. 미국과의 관계는 여전히 험악하지만 사실 나는 전쟁할 마음은 없습니다. 그래서 어디에도 피해 주지 않도록 (미사일을) 쏘아

올리고 있지 않은가요? 내 발언은 공개해도 상관없습니다. 그런데 후지모토 씨, 이제 정치가가 다 된 것 같네요? 그래도 나는 후지모토 씨와는 정치를 하지 않을 겁니다."

김정은 위원장은 웃으며 농담처럼 말했다. 이 말에서 후지모토는 어떤 깨달음을 얻었다고 한다.

후지모토는 김정은 위원장이 북일 관계 개선을 원하고 있음을 알게 되었다. 후지모토는 일본에 가면 아베 신조 총리를 설득해 함께 방북을 시도해보겠다고 제안했다. 하지만 일본 내에서 후지모토를 바라보는 시각은 곱지 않았다. 일본 외무성은 후지모토를 두고 "초밥장인에게 외교가 가당키나 할 것 같은가?"라며 눈엣가시 취급이다. 이런 일본의 분위기 속에 결국 후지모토의 노력은 성과를 내지 못했다.

2016년 여름에 다시 방북한 후지모토는 자신의 소원대로 2017년 2월 평양 낙원백화점 별동 4층에 일본음식점 '다카하시'를 낼 수 있었다. 일본인이 평양에 일본음식점을 낸 것은 매우 이례적이다. 다카하시는 초밥, 라멘, 어묵 등을 판매하며 50~150달러 정도 되는 코스메뉴도 있다.

참고 자료

「김정은 위원장 부부와 7월에 면회. 출판기념 기자회견에서 후지모토가 밝혀」(新著出版で藤本氏が会見金第1書記夫妻と7月に面会), 교도통신, 2012.11.26.

「김정일 국방위원장의 전속 요리사 후지모토 기자회견」(金正日の專屬料理人藤本健二氏会見), 유튜브 블로고스 채널, 2012.12.7.

콘도 다이스케(일본 주간현대 부편집장), 「[북한 리포트] 일본 초밥장인 후지모토 겐지의 김정은 면담 막전막후」, 중앙일보, 2016.5.21.

곽아혜·장준덕, 「북한에 가족이 있다고 말한 뒤 평양에 돌아간 북한 요리사를 직접 맞이한 리설주 여사」(曾是北韓金家御廚跑回日本大爆料家人是他鐵幕裡的牽掛重回平壤李雪主親自迎接), 사라진국경 방송, 2019.5.22.

「평양에서 사라진 김정일 국방위원장의 요리사 후지모토 겐지, 북한

당국에 구속됐다는 정보도」(平壤で消えた金正日の料理人「藤本健二氏」北朝鮮当局に身柄拘束されたとの情報も), 데일리 신초, 2019.6.26.

타카하시 코오스케, 「김정일 국방위원장의 요리사 후지모토 겐지 무사 확인, 평양의 일본요리점에서 목격」(故金正日の料理人「藤本健二氏」が平壤の日本料理店で目擊。無事確認される), 비즈니스 인사이더, 2019.7.8.

안나 피필드, 「'친구가 되라'는 말에 나는 6살 김정은 위원장을 만났다」(「友人になれ」と命じられ、私は6歳の金正恩にかしずいた), 커리어, 2020.2.2.

후지모토 겐지, 『북한의 후계자 왜 김정은인가』, 맥스미디어, 2010

후지모토 겐지, 『引き裂かれた約束 全告白·大將同志への傳言』, 講談社, 2012

김정은 국무위원장과 친구들

초판 발행일 2022년 6월 1일

지은이	문경환, 박명훈, 이형구
편집	김영란
디자인	박대윤
펴낸이	김은희
펴낸곳	도서출판 615
주소	서울 성동구 마장동 776-3 동우빌딩 201호
전화	02)3491-6015
전송	02)954-4045

ISBN 978-89-93884-50-0 00300

가격 12,000원